AF233063

RÉFLEXIONS

SUR LES CAUSES

QUI ARRÊTENT

LES OPÉRATIONS MINISTÉRIELLES;

ET SUR LES PEINES A INFLIGER AUX COUPABLES.

PAR M. D. M.

A PARIS,

Chez LOCARD ET DAVI, Libraires, rue de Seine,
près celle de Bussy, n° 54, faubourg Saint-Germain.

1815.

RÉFLEXIONS

SUR LES CAUSES

QUI ARRÊTENT

LES OPÉRATIONS MINISTÉRIELLES;

ET SUR LES PEINES A INFLIGER AUX COUPABLES.

DEPUIS long-temps, c'est-à-dire depuis la proclamation de la liberté de la presse, une foule d'ouvrages contre les ministres inonde la France, sans compter ceux que les libraires, faute de débit, ensevelissent sous la poussière de leurs magasins. Chacun de nous, malheureux depuis long-temps, attribue tous ses maux aux ministres en place. Tel qu'un infortuné attaqué d'une maladie de langueur renvoie un médecin qui ne le guérit pas, pour en reprendre un autre qu'il croit être plus savant, plus honnête homme ou plus heureux; son espoir est souvent trompé, mais au moins

son esprit pour quelque temps ressaisit la sécu-
rité et l'espérance.

Qu'il me soit donc aussi permis de faire quelques réflexions ; et, dussent-elles n'être connues que du libraire et de moi, je veux aussi émettre mon opinion. Grace à la liberté de la presse, n'a-t-on pas le droit de parler, de se plaindre, de contrôler, de médire, de calomnier, de manquer de respect à ses supérieurs, au roi même ? Les mémoires et les brochures de toute espèce pleuvent de tous côtés ; le méchant les écrit, l'honnête homme les lit, la dupe les écoute, l'intéressé en profite, le sage seul en gémit et s'en alarme.

Dieu me garde toutefois de confondre dans la même classe tous les ouvrages, et de juger tous les auteurs avec la même sévérité ! Il en est, je le sais, qui n'agissent que pour le bien de la chose, leur motif est louable ; poussés par des sentimens généreux, la lanterne à la main, ils cherchent à guider le voyageur, et à l'éloigner du précipice où l'erreur ou la mauvaise foi allait le précipiter. Ils apprennent à l'honnête homme les moyens de se méfier du méchant, à la bonne foi de craindre la trahison, à l'ami de la vérité de découvrir l'imposture.

Ils réclament la récompense de la vertu et la punition du crime. Ils demandent que ceux qui nous gouvernent apprennent qu'il est de leur devoir de savoir également récompenser et punir ; que, sans cette équité sévère, l'honnête homme se décourage et le méchant se ranime ; qu'un homme d'état qui n'agit point ainsi est ou inepte, ou faible, ou de mauvaise foi ; qu'enfin celui qui laisse faire le mal, lorsqu'il peut l'empêcher, est aussi coupable que celui qui le fait par lui-même ou qui le provoque. Je suis parfaitement de leur avis ; mais, sans les combattre, qu'il me soit permis seulement de démontrer qu'il arrive assez souvent qu'un ministre, avec les meilleures intentions, et doué des qualités requises de l'honnête homme, et des talens de l'homme d'état, peut encore tromper l'espoir et l'attente du public.

Quoique possédant à fond la théorie des fonctions de sa charge, il se trouve arrêté dans la pratique. Une sensibilité mal entendue peut également arrêter le bras de la justice, et retenir le glaive prêt à trancher les jours du coupable ; tandis que le public l'accuse d'intelligence ou de trahison, lui-même se plaint peut-être des causes qui suspendent et para-lysent ses meilleures intentions.

Un ministre est coupable par l'abus de son pouvoir, il est également coupable quand il ne déploie pas toute son autorité lorsqu'il a le pouvoir de le faire et qu'elle est nécessaire. Mais lui seul doit diriger le gouvernail de son navire, lorsque la boussole est son guide, et que ses intentions sont pures, comme ses talens connus.

Un point non moins essentiel, et dont un ministre doit s'occuper en entrant en fonctions, c'est de s'informer et connaître la moralité des agens qui lui sont subordonnés; qu'il recherche moins en eux le talent que la probité: sans cette dernière qualité, leurs services sont plus nuisibles qu'utiles. L'honnête homme ne s'écartera jamais de son devoir, toutes ses actions tendront toujours à servir fidèlement l'état et les intérêts de son souverain. Le méchant, au contraire, n'emploiera ses moyens qu'à servir son parti et à satisfaire sa cupidité : l'état n'est rien pour lui; il n'encense que la fortune, il n'est utile qu'à ceux qui lui ressemblent. C'est un serpent que nourrit son maître, et qui prépare son venin pour lui donner la mort. En un mot ; un honnête homme sans expérience est préférable au scélérat instruit : le zèle et l'amour du bien donneront bientôt au premier l'habitude du travail ; le méchant, au contraire, par le travail, ne peut devenir que plus méchant encore.

Pour la police, comme il n'y a rien d'humiliant lorsqu'il s'agit d'être utile à l'état et à son roi, je voudrais qu'on pût la confier dans chaque département à des gens riches, distingués par leur probité, leur loyauté et leur fidélité à la cause de leur légitime souverain ; que chaque préfet confiât cette surveillance à des propriétaires estimables, connus d'ailleurs par une manière de voir aussi exempte de toute passion qu'impartiale. Ces délégués surveilleraient les actions des maires dans l'exercice de leurs fonctions et de leurs devoirs ; car l'on ne peut se dissimuler que la plupart d'entre eux y mettent beaucoup de négligence et d'insouciance. Comment cela serait-il autrement ?

La plupart sont des cultivateurs, souvent peu fortunés et pères de plusieurs enfans : occupés entièrement du soin de l'agriculture, d'où dépendent leur subsistance et celle de leur famille, ils ne peuvent employer qu'une bien faible partie de leur temps aux soins qu'exige l'administration de leur commune, à moins qu'ils n'y trouvent un certain bénéfice qui puisse les dédommager du temps perdu et des peines qu'ils se donnent. On sait que l'intérêt et la cupidité sont, aux champs comme à la ville, le mobile de presque toutes les actions humaines; et comme aucuns émolumens ne sont attachés à cette place, ce ne peut être qu'aux dépens même de leurs administrés qu'ils s'en procurent. Outre l'ignorance extrême de la plupart d'entre eux, une chose s'oppose encore à ce qu'un maire de cette espèce, fût-il honnête homme, puisse administrer avec énergie et avec justice, c'est l'amitié ou la parenté qui le lie à presque tous les habitans de sa commune. Peut-on supposer qu'il ait une ame assez forte pour s'élever au-dessus de telles considérations, et qu'il consente à faire traîner devant les tribunaux, soit pour cause d'opinion, soit pour voie de fait, son père, son oncle, son frère ou son ami? Nous-mêmes, hélas! nous ne pourrions à peine nous y décider, quoique plus instruits sur l'honneur et sur nos devoirs. Et puis n'a-t-il pas à redouter les effets d'une vengeance sourde que l'offensé peut exercer tôt ou tard contre lui ? Ces exemples, qui ne sont que trop fréquens, rallentissent ou plutôt annullent le zèle des mieux intentionnés.

Le maire, au-dessus de cette classe, n'a pas à redouter les mêmes effets, il n'a pas les mêmes ménagemens à garder : fait pour en imposer par sa position, son éducation et sa fortune, respecté de ceux au milieu desquels il vit, son aisance le met au-dessus des calculs de la cupidité, comme sa probité au-dessus de tout soupçon. On l'écoute quand il parle, on obéit quand il commande, on approuve quand il punit, parce qu'il ne le fait que quand il le doit et sans partialité ; parce qu'il est au-dessus de ces petites vengeances qui ne s'exercent généralement qu'envers ses égaux, et qui ne naissent jamais que de la jalousie et de la répugnance que ressent généralement l'homme qui se voit commander par son égal.

Voilà donc les maires qu'un gouvernement sage doit choisir. Mais comme dans toutes les communes il ne se trouve que rarement des personnes qui réunissent ces qualités, elles ne peuvent pas être également bien administrées, et conséquemment la police ne peut exercer la même surveillance. C'est alors que des pouvoirs, délégués à des gens recommandables par leur mérite et leurs vertus, habitant d'ailleurs ces cantons, connaissant de plus presque toutes les communes voisines de la leur, pourraient suppléer aux efforts infructueux des maires de ces communes, et les mettre sous leur protection à l'abri de toute vengeance.

On me fera observer sans doute que les juges de paix sont chargés de cette surveillance et qu'ils remplissent le but que je me propose. Il me sera facile de répondre que si les juges de paix étaient choisis comme en Angleterre parmi les propriétaires aisés, que les places ne fussent pas vénales, et qu'elles fussent plus multipliées, elles rempliraient en effet le même objet ; mais, outre qu'il n'y en a qu'un par canton, ceux qui en remplissent les fonctions ne sont pas toujours assez considérés pour être exempts de tout soupçon à l'égard de l'intérêt ; et je voudrais qu'un juge de paix, comme un juge de tribunal, fût par sa fortune à l'abri de toute cupidité.

Ce que je propose, comme on doit le présumer, ne peut être applicable qu'aux campagnes. Les villes, beaucoup plus populeuses, ont besoin d'une police secrète, et dont les ramifications soient plus étendues et presque imperceptibles ; il suffira de s'assurer de la probité des individus qui seront commis pour l'exercer.

J'appellerais donc les personnes chargées de la surveillance des campagnes, *Inspecteurs communaux*, il y en aurait plusieurs par canton, ils seraient chargés de surveiller l'opinion et la conduite des maires, adjoints, gardes, et même des habitans ; ils dresseraient des procès-verbaux et les enverraient aux sous-préfets, qui en feraient la révision et les adresseraient ensuite aux juges du tribunal civil du département, qui feraient préalablement vérifier leurs rapports. Comme ces fonctions seraient gratuites, elles seraient remplies par des gens recommandables par leur probité et leur équité ; le gouvernement serait fidèlement servi, les maires rempliraient mieux leur devoir, et la police, sans que cela coûtât une obole au gouvernement, serait plus strictement et plus loyalement faite : ces inspecteurs d'ailleurs seraient également en rapport avec la gendarmerie.

Ces réflexions me mènent naturellement à celles que tout homme sensé a déjà faites sûr le mode des peines portées, d'après le code criminel, contre les coupables de crimes et condamnés à la peine de mort.

SUR LES SUPPPLICES.

Les supplices ne sont pas seulement les moyens dont on se sert pour extirper de la race humaine les membres gangrenés qui lui nuisent, ils sont encore établis pour arrêter, par leur appareil, la contagion du vice, en fortifiant l'honnête homme dans ses principes, et en arrêtant, au bord du précipice, celui qui, sans cette crainte, serait tombé peut-être dans les mêmes excès. Dans tous les siècles ils furent proportionnés aux crimes, et des peuples, non les moins sages sans doute, employaient contre les coupables la peine du talion ; d'autres nations, plus cruelles, en avaient inventés d'horribles et dont l'idée seule fait frémir l'homme sensible.

Je suis loin de desirer que ma nation tor-
ture l'homme coupable , mais je voudrais au
moins qu'elle fût plus conséquente et plus ré-
fléchie sur le genre de ses supplices, et qu'elle
mît une gradation dans la punition des crimes.
Puisqu'il est des peines graduées pour les
fautes qui ne méritent pas la mort, que l'on
condamne ces coupables à plus ou moins d'an-
nées de fers, je voudrais également que l'on
livrât à un supplice plus ou moins infamant
ceux qui ont commis des forfaits plus ou moins
attroces ; que les parricides, les fratricides,
l'empoisonnement d'une femme, d'un mari ,
et les crimes de lèze-majesté, sur-tout qui com-
promettent le sort des peuples , fussent punis
avec plus de sévérité encore que les autres
assassinats ; car plus les fautes sont graves ,
plus elles doivent être expiées aux yeux de
la multitude par un supplice plus éclatant.

Ces principes paraîtront sans doute révol-
tant au prétendu philantrope qui croit que la
mort la plus douce est suffisante, puisqu'elle
arrache le coupable de la société des vivans ;
mais l'homme judicieux et expérimenté a dû
voir , depuis notre révolution, que la guillotine n'a jamais effrayé beaucoup l'homme vi-

cieux, tandis que la potence et la roue ont toujours fait horreur même au méchant.

Pourquoi ? Parce que la guillotine n'est pas seulement la manière la plus douce de donner la mort, mais encore parce qu'ayant été l'instrument fatal qui a tranché la vie à l'innocent comme au coupable, elle n'offre point à la victime l'idée infamante qu'elle attachait à la potence, supplice affecté seulement au crime et à l'abjection ; elle a encore la consolation de se dire : qu'y a-t-il d'odieux dans ma mort, puisque je péris comme périrent tant d'illustres et innocentes victimes ?

Qu'il me soit permis de saisir cette circonstance pour me plaindre aux jurisconsultes de leur insouciance à cet égard. Auraient-ils donc oublié que ce supplice fut celui dont se servit le crime pour anéantir la vertu ? Ne se rappelleraient-ils plus que le meilleur, le plus doux des rois, et une partie de son auguste famille, eurent, par lui, leurs jours tranchés ? Que ce précieux sang fut mêlé au sang de plusieurs millions d'autres victimes ? Ont-ils bien pu souffrir que cet instrument horrible ait été le supplice du crime après avoir été celui de l'innocence et

de la vertu ? N'auraient-ils pas dû chercher
depuis long-temps à faire oublier tant d'hor-
reurs et de forfaits, en faisant disparaître à
jamais à tous les yeux l'instrument dont on
s'est servi pour les commettre ? Qu'ils songent
que plusieurs même d'entre eux ont peut-être
également à pleurer des parens ou des amis
dont la guillotine a tranché les jours ? Vou-
draient-ils les confondre avec les scélérats que
chaque jour ils condamnent au même supplice ?
Je ne puis le croire ; je ne puis même attri-
buer ce silence qu'au règne monstrueux et
impie qui avait toujours comprimé et étouffé
l'élan de cette sensibilité. Mais, maintenant
que le ciel daigne nous rendre à l'empire de
la justice et de la vertu, je ne doute pas qu'ils
ne portent leurs vœux et les nôtres aux pieds
du meilleur des rois ; qu'ils ne demandent l'abo-
lition d'un supplice qui, par d'affreux souve-
nirs, fait encore frémir l'innocence, même
lorsqu'il punit le crime ; et qu'enfin, en bri-
sant l'instrument de l'anarchie et du despo-
tisme, nous puissions oublier en même-temps
l'époque épouvantable qui le vit naître.

Nul esprit d'intérêt ni de parti ne guide ma

plume en ce moment; mes vœux, comme mes
actions, ne tendent qu'au bonheur et au repos
de ma patrie, à l'amour de mon roi, et au desir
d'être utile à mes concitoyens. Je n'écris point
par vanité, ni pour me faire valoir : loin de
moi toute ambition et tout esprit de parti! Je
me borne à émettre sans passion ma manière
de voir; je me réjouirai si mes idées peuvent
être goûtées, je me tairai si elles sont rejetées.
Et sous quelque mode de gouvernement que je
me voie soumis, je saurai toujours m'y confor-
mer, et bénir le souverain chéri qui nous le
donne.

FIN.

Imprimerie de CHAIGNIEAU, jeune, rue Saint-
André-des-Arcs, n° 42.